AF563915

ÉTUDES SOCIALES

BILAN
DE
LA RÉVOLUTION

PAR

VINDEX

(du *Paris-Journal*)

LIBRAIRIE H. OUDIN, ÉDITEUR

PARIS | POITIERS
51, RUE BONAPARTE, 51 | 4, RUE DE L'ÉPERON, 4

1881

BILAN
DE LA RÉVOLUTION

AUTRES BROCHURES DE

VINDEX :

Histoire complète de l'Expulsion des Jésuites.

Les Jésuites et l'obscurantisme.

Le Plébiscite des Pères de famille, Lettres au Ministre de l'Instruction publique.

ÉTUDES SOCIALES

BILAN DE LA RÉVOLUTION

PAR

VINDEX

(du *Paris-Journal*)

LIBRAIRIE H. OUDIN, ÉDITEUR

PARIS
51, RUE BONAPARTE, 51

POITIERS
4, RUE DE L'ÉPERON, 4

1881

A M. MAX DESMAISONS

ANCIEN PRÉFET DU VAR

DIRECTEUR DU *Paris-Journal*

Hommage reconnaissant

Décembre 1880

BILAN
DE LA RÉVOLUTION

I

« Aux époques de transition, a dit Napoléon III, et c'est là l'écueil lorsqu'il faut choisir entre un passé glorieux et un avenir inconnu, les hommes audacieux et sans scrupules se mettent seuls en avant..... Des gens sans aveu s'emparent des passions bonnes ou mauvaises de la foule. »

Issu de la Révolution, élevé par elle, c'est par elle que l'Empereur est tombé.

La Révolution est la plus terrible maladie qui puisse frapper un peuple. C'est le poison âcre, subtil, lent, qui s'infiltre peu à peu dans les veines, en parcourt lentement le réseau, brise le cœur, envahit le cerveau, corrompt, stupéfie l'intelligence, produit l'énervation, l'hébêtement, puis la mort.

Partout où elle passe, ce ne sont que des ruines, des massacres, la destruction, avec quelque noble victime offerte en holocauste : Charles Ier, Louis XVI, Marie-Antoinette, Elisabeth de France.

La société française avait chanté, dansé et ri trop longtemps. Il n'y avait plus de grandeur, plus de générosité. Les libres-penseurs du temps ayant décidé que Dieu n'existe pas, il n'y avait plus de foi. Or les nations qui ne croient pas meurent. L'athéisme et l'envie, nés de la Reforme et de la philosophie, furent le père et la mère de la Révolution.

Un jour, la faction des *Verts* s'unit à celle des *Bleus* pour se révolter contre l'empereur de Byzance, Justinien. Il eut peur et fit préparer ses vaisseaux à la Corne d'Or.

— « Fuyez! lui dit sa femme Théodora. Pour moi, je m'en tiens à cette parole du poète que le plus beau tombeau pour un roi, c'est son trône. »

Telle fut la pensée de Louis XVI, dont on a dit qu'il était *faible* parce qu'il était *seul*. Il aurait pu fuir, avant Varennes. Il resta.

Lui mort, le despotisme inaugura son règne, et la France dut être bien joyeuse d'avoir massacré son tyran !

Des flots de sang, et du plus pur, inondèrent le royaume chrétien. La délation, la proscription, les tortures, les supplices durèrent dix années, et portent encore leurs fruits. Il n'y eut plus de sûreté pour personne, pas même pour l'enfance, que les fauves respectent. Un mot, un regard, un souffle, un geste, le silence, l'accablement, la tristesse, étaient des crimes punis de mort.

Liberté! Égalité! Fraternité!

Ces trois mots s'étalaient insolemment partout, au fronton du Panthéon, au coin des carrefours, au-dessus des bornes, dans les plus impurs cloaques; mais il n'y avait plus en France un seul homme qui fût libre, et l'on s'égorgeait au nom de la fraternité, et l'on s'écrasait à plat ventre devant les valets du bourreau, canaille de la veille, souveraine le lendemain.

*
* *

Dans la nuit du 9 au 10 août 1792, la Commune de Paris fut constituée. Elle se composait de l'écume des Clubs. Le lendemain, Santerre et Westermann prenaient d'assaut les Tuileries, et trois jours plus tard on transférait le roi au Temple, d'où il ne devait sortir que pour monter à la guillotine.

En quinze jours, la Commune de Paris anéantit toute les libertés. Elle détruit les monuments qui rappellent nos victoires : elle brise les statues des rois et celle de Jeanne-d'Arc. Elle jette hors des prisons tous les criminels, afin qu'il y ait place pour les innocents.

Viennent les massacres de Septembre. Massacres aux Carmes ; — massacres à l'Abbaye ; — massacres à la Force ; — massacres à la Conciergerie ; — massacres au Châtelet, aux hôpitaux, à Bicêtre. Il y eut *douze mille huit cent cinquante victimes.*

Saint-Just, le futur émule de Robespierre,

le futur commissaire du salut public, écrit à ce propos ;

« Je ne sache pas qu'on ait vu jamais, sinon chez des esclaves, le peuple porter la tête des plus odieux personnages au bout des lances, boire leur sang, leur arracher le cœur et le manger... JE L'AI VU DANS PARIS. J'ai entendu les cris de joie du peuple effréné qui se jouait avec des lambeaux de chair en criant : Vive la liberté! »

Edgard Quinet, l'ardent révolutionnaire, trace un tableau sanglant de ces horribles scènes.

« D'abord, ils tuèrent d'un seul coup de « sabre, de coutelas, de pique ou de bûche; « puis ils voulurent savourer le meurtre et « il y eut entre les bourreaux et les victimes « une certaine émulation. Les premiers « cherchaient les moyens de s'attirer la mort « la plus rapide.

« Cependant on avait apporté des bancs « pour assister au carnage. Quand la fatigue « commença, les meurtriers se reposèrent. « Ils eurent faim, ils mangèrent tranquille-

« ment... A deux pas des égorgeurs, au mi-
« lieu de la vapeur du sang, siégaient quel-
« quefois des administrateurs : ils conti-
« nuaient imperturbablement à expédier les
« affaires civiles dans ces bureaux d'égor-
« gement [1]. »

Les mêmes sanglants épisodes se produisent à Melun, Châlons, Reims, Meaux, Lisieux, Caen, Bordeaux, Lyon, Orléans, Versailles.

Après le meurtre du roi,— pour obtenir la condamnation duquel il a fallu corrompre la notion même de la loi,—le peuple, au 31 mai et au 2 juin, excité par Danton, Pache et Chaumette, envahit la Convention et fait décréter d'arrestation les vingt-deux députés de la Gironde, et presque tous les députés qui ne siègent pas sur la Montagne.

Le 17 septembre, pour l'application de la loi des suspects, plus de cinquante mille comités révolutionnaires sont créés dans les départements.

1. Edgard Quinet. *La Révolution*, p. 383, t. I.

« D'après les calculs du conventionnel Chambon, dit Châteaubriand, ces comités coûtèrent *cinq cent quatre-vingt-onze millions* par an. » Il y avait là « *cinq cent quarante mille accusateurs* » ayant droit de désigner à la mort. A Paris seulement, on comptait soixante comités révolutionnaires ; chacun d'eux avait sa prison pour la détention des suspects.

A Toulon, après des fusillades qui déciment la population, douze mille maçons sont requis par les proconsuls pour démolir la ville.

Lyon capitule, après une héroïque résistance de soixante-trois jours. *Trente-trois mille* citoyens y périssent.

Les ossements des rois de France sont jetés au vent, leurs tombes profanées ; Marie-Antoinette est décapitée.

Le 31 octobre, c'est le tour des Girondins, et Mme Roland meurt en criant : « O liberté, que de crimes on commet en ton nom ! » Robespierre, mécontent des siens, tourne sa rage contre eux. Ceux qui condamnaient si facilement sont condamnés à leur tour.

En province, des excès infâmes se commettent impunément. A Nancy, on guillotine un vieillard aveugle, âgé de quatre-vingt-douze ans, et sa fille avec lui. A Rennes, le représentant Dubois-Crancé « pour inspirer de bonne heure aux jeunes citoyens la haine de la royauté, » *fait fusiller, par des enfants de douze ans, des vieillards condamnés à mort.*

Ce n'est pas assez encore. Dans l'Ouest seulement, on égorge *quinze mille femmes;* on en fait périr *trois mille quatre cent* de couches prématurées. On fait passer au fil de l'épée *quinze mille enfants.*

A Nantes sont passés par les armes *cinq cents enfants,* dont le plus âgé n'avait pas quatorze ans ; *quinze cents* sont noyés ; *deux cent soixante-quatre femmes* sont fusillées et *cinq cents, noyées.*

Le nombre des victimes du conventionnel Carrier est tel, que le conseil municipal de Nantes est obligé d'écrire à la Convention nationale pour lui représenter que « *les cadavres noyés par sentence judiciaire obstruent le cours de la Loire et empêchent la navigation, quoique ce fleuve ait, à cet endroit, une lieue de largeur.* »

Que dire de ce général républicain qui faisait tanner des peaux humaines? De ceux qui jetaient des femmes dans des fours ?

Des atrocités sans pareilles sont commises en Vendée !

La République de 93 a envoyé à la mort, non pas seulement des nobles, des prêtres et des religieux, mais (toujours rien que dans l'Ouest) *cinq mille trois cents* artisans et pauvres. Après Savenay, on fusille HUIT JOURS DURANT. Les soupapes engloutissent *trois mille* citoyens. C'est ainsi que la République répond au pardon de Bonchamp mourant, dont la dernière parole fut pour le salut de *trois mille soldats républicains.*

Et ce ne sont ici que des chiffres isolés qu'on pourrait facilement compléter. A côté de *sept cent cinquante femmes* nobles guillotinées nous trouvons QUINZE CENTS femmes de *laboureurs* et d'*artisans*. L'échafaud vit périr *treize mille six cents* citoyens des *classes inférieures*.

A Paris, en moins de sept ans, on exécute *deux mille neuf cent dix-huit* citoyens, dont *quinze cent soixante-dix-sept* roturiers, parmi lesquels on compte *cent trois septuagénaires ; neuf octogénaires ; vingt deux-enfants au-dessous de dix-huit ans.....*

Est-ce assez de statistique, et cette série de crimes paraît-elle suffisante pour couvrir d'un opprobre éternel cette *glorieuse* Révolution qu'on nous présente comme la rénovatrice de la société, comme la bienfaitrice de la civilisation? Et que doit-on admirer le plus, de l'imbécillité ou du cynisme de ceux qui se vantent d'être les petits-fils de tels aïeux?

***

Les orgies et les saturnales du Directoire succédèrent aux massacres de la Terreur. Après la folie du sang, ce fut la folie de la débauche. Puis vint l'Empire.

« Qu'est-ce que la République? » demandait Talleyrand à Fouché. Le régicide répondait : « C'est le trait d'union entre la Royauté et l'Empire! »

L'Empire, ce fut une forme de la Révolution : la tyrannie d'un seul après la tyrannie de la foule. En un mot : le Césarisme. Monarchie bâtarde, fondée sur un semblant d'élection populaire, imposée, soutenue par la force. Politique tortueuse, mauvaise dans ses moyens et dans ses effets. « En France, disaient les cahiers de 1789, le souverain, c'est la nation jointe au monarque. » Le roi régit, l'empereur commande. Où est le *Senatus populusque romanus*, inscrit sur l'étendard de Rome?

Napoléon fit et défit les nations, conquit l'Europe, occupa le monde, et mourut sur un rocher, voyant ses labeurs stériles et son œuvre détruite. Et dès 1806, Joseph de Maistre prévoyait la chute du colosse, élevé par la force. Or la force est une des nécessités du pouvoir; mais si elle vient à primer le droit, elle rallie des intérêts et non des convictions, elle domine les consciences, et devient enfin le despotisme.

Trente ans après la mort du premier empereur, la France, lasse d'une forme de gouvernement menacée sans trève de coups d'état populaires, de conjurations perpétuelles contre l'ordre, voulut le rétablissement de l'Empire.

Elle acclama le neveu du vaincu de Waterloo, et le jeta, drapé du manteau impérial, sur un trône déjà vermoulu. Sept millions de suffrages consacrèrent cette nouvelle usurpation.

Nous savons trop dans quel effroyable cataclysme le second Empire s'effondra. Rappelons cette pensée profonde d'un témoin de nos désastres : « Les peuples qui ont cru s'affranchir en brisant le frein tutélaire des traditions sont exposés à rencontrer sur leur chemin de ces vainqueurs sans scrupules qui les protègent pour un jour contre leurs propres excès, et leur imposent le désaveu de leur précédente victoire. »

***

Depuis que la France voulut se donner les institutions républicaines, ou soi-disant telles, c'est-à-dire depuis quatre-vingts ans, les hommes de progrès qui ont remplacé les hommes d'État auxquels notre patrie est redevable de toutes ses grandeurs ont élaboré seize constitutions différentes, qui n'ont d'ailleurs servi absolument à rien, ayant abouti 17° au Septennat, et 18° à la constitution Wallon, remarquable par les trois gouvernements qu'elle a engendrés, celui de M. de Mac-Mahon, l'aventure du 16 mai, et finalement la présidence Grévy.

Voici le tableau des diverses constitutions dues à la Révolution :

« Louis XVI, constitution du 3 septembre « 1791 ; durée : 15 mois environ.

« République une et indivisible : 1° Cons- « tution du vingt-quatre juin 1793 ; durée : « 15 mois ; 2° Constitution du 19 Vendé- « miaire, an II ; durée : 3 mois ; 3° Constitu- « tion du 14 frimaire, an II ; durée : 15 mois.

« Directoire, constitution du 5 fructidor, « an III ; durée : 4 ans et demi.

« Consulat : 1° Constitution du 22 frimaire « an VII ; durée : 2 ans.

« Empire de Napoléon Ier, constitution du « 28 floréal an VII ; durée : 10 ans.

« Restauration : 1° Constitution des 6 et 9 « avril 1814 ; durée : 3 mois ; constitution du « 4 juin 1814 (la Charte) ; durée : 3 mois.

« Cent jours : Constitution du 22 mars 1815 « (acte additionnel) ; durée : 2 mois.

« Restauration : Ordonnance du 7 juillet « 1815 ; durée : 15 ans.

« Règne de Louis-Philippe : Constitution « du 6 août 1830 (charte de Louis-Philippe) ; « durée : 18 ans.

« Second Empire : 1° Constitution du 2 dé- « cembre 1851 ; durée : 1 mois ; 2° Constitu- « tion du 14 janvier 1852 ; durée : 8 ans.

« Troisième République, constitution du « 4 septembre 1870 (gouvernement de la dé- « fense nationale). »

Alexis de Tocqueville, dans son livre de la démocratie, a tracé le portrait que voici :

« Il y a telle nation de l'Europe où l'habi- « tant se considère comme une espèce de

« colon, indifférent à la destinée du lieu qu'il
« habite. Les plus grands changements sur-
« viennent dans son pays sans son concours ;
« il a entendu raconter l'événement par ha-
« sard. Bien plus, la fortune de son village,
« la police de sa rue, le sort de son église et
« de son presbytère, ne le touchent point ; il
« pense que toutes ces choses ne le regar-
« dent en aucune façon, et qu'elles appar-
« tiennent à un étranger puissant qu'on ap-
« pelle le gouvernement. Pour lui, il jouit
« de ces biens comme un usufruitier, sans
« esprit de propriété et sans idées d'amélio-
« ration quelconque. Ce désintéressement de
« soi-même va si loin que sa propre sûreté,
« ou celle de ses enfants est enfin compro-
« mise ; au lieu de s'occuper d'éloigner le
« danger, il croise les bras pour attendre que
« la nation tout entière vienne à son aide.
« Cet homme, du reste, bien qu'il soit fait
« un sacrifice si complet de son libre arbitre,
« n'aime pas plus qu'un autre l'obéissance.
« Il se soumet, il est vrai, au bon plaisir
« d'un commis ; mais il se plaît à braver la

« loi comme un ennemi vaincu, dès que la « force se retire. Aussi le voit-on sans cesse « osciller entre la servitude et la licence.

« *Quand les nations sont arrivées à ce point,* « *il faut qu'elles modifient leurs lois et leurs* « *mœurs, ou qu'elles périssent, car la source* « *des vertus publiques y est comme tarie : on* « *y trouve encore des sujets, mais on n'y voit* « *plus de citoyens.* »

Quelle meilleure conclusion pourrions-nous trouver à ces paroles d'une si profonde énergie que celles du protestant Guizot : « Je suis convaincu que pour son salut social et moral, il faut que la France *redevienne chrétienne,* ET RESTE CATHOLIQUE ! »

II

« On peut, a dit M. Sylvestre de Sacy, on peut violenter une nation et la forcer momentanément à subir une forme de gouvernement qu'elle repousse ; ne l'avons-nous pas vu en 1848 ? Mais nous avons vu aussi qu'une nation violentée abandonne ceux qui la violentent et leur impose la plus invincible résistance, celle des mœurs. »

Au lendemain des plus sanglantes défaites qu'elle eût subies depuis Waterloo, au moment où l'ennemi ravageait le territoire Français, où toute une armée était faite prisonnière, avec armes et bagages, où le chef de l'Empire, comme jadis François Ier à Pavie, mais après de moins rudes coups, rendait son épée au vainqueur, la fureur démagogique éclatait à Paris dans toute sa violence. L'enceinte de la Chambre des députés était envahie par la foule, et alors se passait la scène si spirituellement décrite par M. Sardou dans son *Rabagas :* On monte à l'Hôtel-de-Ville, on jette des petits papiers par les fenêtres, et on est le gouvernement jusqu'à ce qu'une autre bande vienne prendre la place.

Ce fut le gouvernement de la Défense Nationale. Beau nom, bien plein, bien sonore ! Il y avait là des dieux de 1848, les Crémieux, les Glais-Bizoin, les Garnier-Pagès ; des irréconciliables du second Empire, M. Jules Simon. M. Jules Favre, M. Jules Ferry; des jeunes, M. Henri Rochefort, M. Léon Gambetta.

On appelait ce gouvernement le gouvernement des Jules. M. Pelletan, M. Arago, beaucoup d'autres encore, et leurs dynasties, renforçaient la sainte phalange.

Il y eut une circulaire de M. Jules Favre, qui depuis implora le pardon de Dieu et des hommes. Il s'écriait : « *Nous ne céderons ni un pouce de notre territoire, ni une pierre de nos forteresses.* » Parole héroïque ! On voulait la guerre à outrance. Des naïfs croyaient qu'il suffisait d'établir la République pour gagner des batailles. On ne parlait que des armées de 92, de la puissance de l'idée révolutionnaire : il semblait enfin que la victoire était certaine et qu'on allait culbuter le Prussien dans la Baltique en traversant, comme un ziz-zag de foudre, tous les royaumes d'Outre-Rhin !

Paris venait d'élever une statue au dieu Voltaire, et M. Mottu faisait jeter les crucifix par les fenêtres. Quels meilleurs gages de la protection d'en bas ?

Strasbourg tombait, à demi-ruiné. M. Gambetta élucubrait force proclamations, tandis que le républicain Lanfrey le proclamait, lui, Gambetta, le *dictateur de l'incapacité.* Il les tournait assez bien. « Les siennes, dit M. Louis Veuillot, ne sont pas arrogantes ni trop boursoufflées ; le français en est suffisant, elles n'insultent volontairement personne. »

Metz capitulait. Le gouvernement de la Défense Nationale se défendait lui-même. Il se réfugiait à Tours, puis courait à Bordeaux. M. Gambetta voyageait en ballon. Ses ministres faisaient rire, en un temps où tout le monde pleurait. Ce n'étaient qu'allées et venues, courses furibondes à travers la France. Pendant ce temps, M. Jules Favre oubliait l'armée de l'Est qui périssait dans les montagnes du Jura, de faim, de froid et de misère.

Mais la chronique narre les joyeux soupers, les cigares exquis, les pelisses fourrées des chefs de l'Etat, et ceux qui souffraient se consolaient à la pensée d'être gouvernés par des gens très heureux, en gaîté et repus.

Chaque jour amenait sa harangue. Nos maîtres parlaient beaucoup, écrivaient davantage, s'agitaient dans le vide. Chaque citoyen français pouvait se comparer à une boussole affolée. On tournait, on courait, on fuyait; trouble partout, calme nulle part. L'ennemi cependant profitait du désarroi. Paris assiégé mourait lentement de famine, et dans la grande galerie de Versailles le petit ro de Bavière s'amusait à faire de son vieux frère de Prusse un Empereur d'Allemagne !

*
* *

Quand on se rappelle cette époque étonnante, l'Année Terrible, on se demande si l'on ne fait pas un de ces rêves étranges et prodigieux qui laissent entrevoir à l'âme, durant le sommeil, un coin de l'enfer où se tordent les damnés ! On ne peut plus croire à ce qu'on a vu. On rit de pitié, au souvenir de ce qu'on entendait. C'est un poème, une tragédie, un roman, un pamphlet : ce n'est pas l'histoire !

Eh bien ! oui, hélas ! c'est l'histoire.

Ces lamentables folies, nous les avons connues. Ces généraux accusés de trahison, ces armées commandées par des avocats, ces avocats hissés des profondeurs de la bohême aux sommets du pouvoir, ces déclarations emphatiques, ces larmes de comédie, cette curée des places, ces tripotages où s'engloutissait la fortune publique, ces émeutes organisées, ces combats où notre sang coulait à flots, toutes ces choses, l'histoire les enregistre, et nous les avons vues, de nos yeux, ce qui s'appelle vu. — Mais nous avons tout oublié.

Nous avons tout oublié, puisque, moins de dix ans après, les mêmes hommes que l'opinion condamnait à l'éternel bannissement gouvernent encore plus triomphants que jamais.

Puisque l'avocat Gambetta, après l'enquête parlementaire sur les marchés, après les discours de Lille, de Romans, de partout ; après les révélations de tous les témoins qui l'accablent, règne dans l'omnipotence d'un satrape asiatique

Puisque M. Jules Ferry, incapable député, incapable préfet, incapable ambassadeur, incapable journaliste, préside le conseil des ministres; puisqu'enfin tous leurs amis, — que des juges appelleraient des complices, — ont accaparé toutes les fonctions, toutes les places, et se prélassent partout où il y a de l'argent à gagner.

***

L'anarchie révolutionnaire ne pouvait durer toujours. Si on aime le désordre, en France, on veut que ce soit le désordre organisé.

Il y eut un grand soupir de soulagement quand l'Assemblée Nationale fut nommée, et lorsqu'on vit M. Thiers saisir les rênes du gouvernement, on crut que c'en était fait des aventures et des aventuriers.

Très fin, très habile, très prudent, M. Thiers s'était bien gardé de s'égarer dans la bagarre. Il voyageait en Europe. Voyage diplomatique dont le but était d'obtenir des puissances étrangères des secours pour la France écrasée. On vit un acte de dévouement dans ce profond calcul de l'égoïsme et de l'ambition. On exalta le patriotisme de ce vieillard, qui courait les chemins, entre sa femme et sa belle-sœur, au cœur de l'hiver, — et sans y être forcé.

Bref, l'ancien ministre de la monarchie de Juillet fut élu un peu partout, devint chef du pouvoir exécutif, et comme l'Assemblée Nationale comptait une imposante majorité de royalistes, on s'écria de toutes parts : « La Restauration est faite. »

On croyait si bien qu'elle était faite, que personne ne travailla à la faire. Il s'agissait d'attendre. M. Thiers mit en pratique la maxime de Mazarin : il gagna du temps.

La Commune, en jetant l'effroi de la guerre civile et de la révolte à main armée dans toute la France, consolida sa haute situation. Il détenait le pouvoir, le voulait garder, le garda, jouant tour à tour tous les partis, se ruinant en promesses, oubliées le lendemain. Les conservateurs comptaient sur lui; les républicains davantage. Il inaugura la politique de bascule, flattant l'un et l'autre, se servant de tous, et toujours personnel, dans ses visées et dans ses moyens.

*
* *

Un beau jour, M. Thiers ne se rappela plus qu'il avait dit : « *La République est fatalement condamnée à finir dans le sang ou dans l'imbécillité.* » Il formula un autre axiôme politique : « *La République est le gouvernement qui nous divise le moins.* »

De la part d'un historien de la révolution Française, c'est là une affirmation affreusement ironique.

La Révolution de 1789 à 1804 fut-elle autre chose qu'un enchaînement de rébellions, de conspirations, de délations, et de supplices ?

Or l'Empire, en dix ans, ne compta que la seule conspiration de Mallet. La Restauration ne vit, hormis quelques échauffourées, que la conspiration des sergents de la Rochelle. Le règne de Louis-Philippe vit quelques émeutes à Paris et en province, et le second Empire, de légères émotions populaires sans conséquences.

Mais la République de 1848, en trois ans, vit à Paris seulement cinq mouvements révolutionnaires, entre autres les terribles journées de Juin, où l'on fit près de douze mille prisonniers, et à la suite desquelles on transporta 4,348 personnes. Et la République du 4 septembre était à peine née, qu'elle était menacée, dans la journée du 31 octobre, et ensanglantée du 18 mars au 30 mai 1871, par la plus effroyable révolte, qui fit tant de victimes et acheva ce que les Prussiens n'avaient pas osé faire, en mettant Paris à feu, à sang, à sac, à pillage.

Seulement, comme les Français aiment assez les phrases toutes faites, celle de M. Thiers leur plût, et l'on vécut longtemps sur cette illusion mirifique que les institutions républicaines sont celles qui divisent le moins.

*
* *

Quoi qu'il en soit, M. Thiers avait atteint son but. Sa retraite, le 24 mai, l'élection de Mac-Mahon, l'échec du parti royaliste en 1873, eurent pour résultat de troubler les esprits, tant et si bien que la Constitution Wallon put être enfin votée à une voix de majorité.

Nous savons assez où nous ont conduit ces oscillations successives. Il importe maintenant de bien établir ce que nous y avons gagné.

Quel bénéfice en avons-nous tiré?

Les proclamations des chefs du pouvoir,

les professions de foi des candidats, les articles des journalistes, les livres et les brochures des publicistes nous ont incessamment accablés de promesses.

La République devait être l'ère de la liberté, l'ère de la prospérité. Une République athénienne, une République aimable : l'Age d'or.

On nous avait promis :

La liberté de conscience ;

La liberté de penser ;

La liberté de la presse ;

La liberté d'association ;

La liberté d'enseignement ;

La diminution des impôts ;

Le rétablissement de l'équilibre financier ;

La protection de l'agriculture, du commerce, de l'industrie ;

L'abrogation des lois tombées en désuétude ;

L'abolition des castes et des privilèges ;

Le respect de la propriété, de la famille, de la religion ;

La rénovation des mœurs ;

La résurrection morale de la France.

Est-ce tout?

On nous promettait aussi que le favoritisme et le népotisme seraient bannis; que les places appartiendraient aux plus méritants; que l'on n'appellerait aux fonctions publiques que des citoyens incorruptibles, d'une intégrité parfaite.

On devait faire enfin de la France un pays de Cocagne, l'Eldorado, le Pérou, pavé de cailloux en or, et qui serait le meilleur des mondes de Pangloss, — où tout va toujours pour le mieux.

Nous allons examiner rapidement de quelle façon chacune de ces promesses a été accomplie.

III

La presse est désormais le rouage indispensable de toute société organisée, une puissance avec laquelle il n'est plus permis à l'État de ne pas compter. Balzac a-t-il prédit juste? La presse fera des rois, disait-il, et défera des monarchies, parce qu'en France l'esprit est plus fort que tout, et les journaux ont, de plus que l'esprit de tous les hommes spirituels, l'hypocrisie de Tartufe. C'est peut-être un peu excessif en apparence.

Le terrible poète de la *Comédie humaine* avait raison néanmoins, lorsqu'il prévoyait l'influence considérable que la presse devait acquérir. Elle règne, gouverne, renverse, édifie. Elle est à son apogée; elle aura sa décadence.

Paysan, grisette, ouvrier lisent le journal à l'instar de l'opulent bourgeois. Ceux qui ont intérêt à égarer le peuple sur ses droits font croire tout ce qu'ils veulent à ces lecteurs naïfs disposés à accueillir avec d'autant plus de faveur les raisonnements qu'on leur offre, que ces raisonnements sont passionnés et illogiques. C'est ainsi qu'on sème la révolte dans ces âmes terrassées par l'oppression de la misère, et qu'on fait du journal l'instrument de la Révolution, — le meilleur, puisqu'il est irresponsable, — car les crimes collectifs n'engagent personne.

Tout journal, disait encore Balzac, est une boutique où l'on vend au public des paroles de la couleur dont il les veut. C'est vrai : mais que de couleurs ! Et dans combien de ces boutiques d'esprit vend-on une marchandise frelatée ! La suprême habileté consiste maintenant à se mettre à la remorque de l'opinion au lieu de la diriger.

Le journal est le tremplin des ambitieux et le refuge des dégommés. Le journalisme triomphe au Gouvernement et trône à l'Académie. Ministres, ambassadeurs, généraux, préfets, tous, plus ou moins, se sont trempés dans cette fontaine de Jouvence, — empoisonnée.

Il semble donc que ce soit un paradoxe de nier la liberté de la presse, car on a, en vérité, le droit de tout écrire, et le papier, qui supporte tant de choses, en supporte, à l'heure qu'il est, de bien infâmes.

Jamais on n'a vu un tel débordement de licence. On permet à d'obscurs folliculaires d'attaquer ouvertement la religion, l'ordre social, la propriété ; on autorise tous les outrages au clergé, à la magistrature, à l'armée. Le blasphème a ses franches coudées : on peut avancer impunément que Jésus-Christ était un névropathe, un fou ; on peut plaisanter des plus saints mystères ; on peut bafouer les saints, insulter les morts, calomnier les vivants ; on peut falsifier l'histoire, travestir le dogme, ridiculiser le culte, vitupérer notre foi, nos croyances, accabler d'injures le Pape, les Évêques, les Prêtres.

Quand la plume a fait son office, on saisit le crayon. La caricature prend ses ébats. Ce ne sont que moines grotesques, ignorantins pansus, évêques mitrés d'une moitié de dindon, magistrats échevelés, officiers-fantoches.

Il n'y a plus de mesure. On dessine ce qu'on veut, comme on veut : on est, selon sa fantaisie, malpropre, imbécile, obscène.

Les enfants, les femmes voient ces immondices étalés à tous les carrefours, et plus l'offense est énorme, plus elle est hardie, plus on encourage le débit de cette drogue vénéneuse.

La censure n'interdit rien, et les bureaux s'esclaffent de rire quand un des va-nu-pieds qui vivent de ce métier dégradant implore le visa pour une de ses ignobles images.

Mais si le gouvernement témoigne une tolérance paternelle pour la presse révolutionnaire, dont il favorise tous les excès, il n'en va pas ainsi lorsqu'il s'agit de la presse honnête qui s'avise de critiquer ses actes.

Il n'y a pas alors assez de parquets, assez de police, assez de lois existantes, assez de prisons. Les amendes pleuvent dru comme grêle; les procès se succèdent sans interruption.

On ne compte plus ceux d'un joyeux journal qui joue d'assez bons tours à divers ministres, sous-ministres, colonels en chambre, à tous les Sosies des Amphytrions — chez qui l'on ne dîne pas.

Tel journal de province a subi treize ou quatorze condamnations. Il y eut un moment où *vingt-sept* journaux étaient poursuivis en même temps.

Si l'on touche à n'importe quel fonctionnaire, on est aussitôt saisi, poursuivi, condamné.

C'est toujours l'histoire de Figaro. Pourvu qu'on ne parle en ses écrits, ni du chef de l'État, ni des ministres, ni des gens en place, ni de la Bourse, ni des affaires, ni des danseuses de l'Opéra, ni de rien qui soit républicain, ou paraisse entourer la République, on a le droit de révéler sa pensée, — sous le contrôle néanmoins de deux ou trois censeurs, au risque de coucher en prison, de se ruiner, et d'être à tout jamais suspect.

Ce régime est ce qu'on nomme *Liberté de la presse.*

Tout pour les uns, rien pour les autres!

Les autres, c'est nous.

Que l'assassin Félix Pyat, qui fait du régicide sa carrière, ouvre une souscription publique pour offrir un revolver à l'assassin Berezowski; que le citoyen Blanqui se livre à ses fureurs séniles et provoque à la guerre des rues; que l'amnistié Rochefort propose d'élever un monument aux incendiaires de la Commune; le ministère se tient coi, ne bouge et ne dit mot. Ce sont là jeux plaisants. On badine avec la tempête.

Mais qu'on demande compte de son passé à quelque personnage bien en cour; qu'on rappelle à l'un ses tripotages véreux, ses industries inavouables; à l'autre, ses querelles de ménage; à celui-ci, ses palinodies; à celui-là, ses trafics, ses compromissions, ses reniements!... Alors toutes les colères se déchaînent. Frappez! confisquez! verrouillez!

Protester contre une illégalité, c'est un

crime ; dénoncer, discuter, critiquer, raconter même, c'est un crime ; parler de billard, de poisson, de vidange, d'Aristote, de cuisinier, d'épicerie, de sucre, voire soupçonner les femmes de César : crime ! crime ! crime ! Et même si l'on glose de chiens, M. Paul Bert se fâche. N'est-ce pas une allusion impie à ses talents de vivisecteur ?

Évitez de nommer la corde dans la maison d'un pendu !

*
* *

Il reste acquis, sans conteste, que nos gouvernants, et avec eux les triomphateurs du jour, si prompts naguère à clamer contre les rigueurs des précédents régimes envers la presse, n'ont eu garde de rien changer aux lois répressives qu'ils critiquaient, mais les ont, au contraire, appliquées avec une sévérité sans pareille.

La République est une arche sainte à laquelle il est sacrilège de toucher, et là où les rois se contentaient du respect, les républicains exigent l'adoration.

Tout homme qui tient une plume leur doit être lige, s'il veut gagner son pain et le manger ailleurs qu'en prison. Faute de quoi ils bannissent, proscrivent et suppriment, avec cette désinvolture, ce mépris des droits, cette suffisance d'orgueil qu'ils reprochaient autrefois si amèrement à des hommes qui avaient, du moins, l'excuse de combattre pour des convictions sincères.

Donc, la liberté de la presse, la liberté honnête, réglée, justement pratiquée, n'existe pas.

IV

La liberté de conscience n'a jamais été bien nettement définie. Chercher à déterminer le sens révolutionnaire de ces mots qui hurlent d'être accouplés, nous entraînerait plus loin qu'il ne convient. Il suffit d'ailleurs de les prendre à la lettre, et de dire : « La liberté de conscience est la liberté pour chacun de pratiquer la religion qui lui plaît, ou même de n'en pratiquer aucune. »

Le gouvernement qui promet aux consciences de les laisser libres s'engage à ne les troubler jamais dans leurs croyances, reconnaît la religion de la majorité, protège les cultes, et, voulant supprimer la religion d'État, sans oser néanmoins déclarer l'État athée, ne signale point l'athéisme comme un danger public.

Cette liberté, définie en ces termes, la possédons-nous ?

La situation religieuse de la France est très facile à déterminer.

L'immense majorité des Français appartient à la religion catholique. Ils sont catholiques par le baptême, par l'éducation, par le mariage à l'Église, par les mœurs, par l'assistance réclamée aux heures dernières, par la sépulture. Il n'importe, après cela, qu'à eux d'être catholiques plus parfaitement par les œuvres, la dévotion assidue, la soumission complète au dogme. Le culte public est pratiqué, la foi et les œuvres sont du for intérieur. Mais il est évident que la religion catholique est celle de la majorité des Français, et qu'elle doit, à ce titre, tenir la première place dans les préoccupations de ceux qui détiennent le pouvoir.

La ligne de conduite du gouvernement dans les affaires religieuses apparaît donc nettement tracée. Son devoir est de respecter la religion, d'en imposer le respect aux dissidents, de favoriser les manifestations extérieures du culte, d'empêcher les scandales, les outrages, les insultes, d'exécuter enfin ponctuellement le traité qui règle les rapports de l'Église et de l'État, traité consenti d'un commun accord sous le nom de Concordat.

Il y a, en outre, la question budgétaire, d'une extrême simplicité.

La Révolution dépouillait le clergé des biens qu'il avait acquis depuis plusieurs siècles. Cette spoliation fut avouée par le premier gouvernement régulier qui succéda à l'anarchie. Il était impossible d'en détruire les effets.

Alors il fut convenu que la nation, au lieu de restituer le capital, en paierait l'intérêt. Le budget des cultes n'est qu'une restitution. Il représente l'usufruit d'une fortune dont la France garde la nu-propriété.

Il faut remarquer de plus que la somme inscrite au budget des cultes est de beaucoup inférieure à l'évaluation réelle de l'intérêt qui devrait être versé ; que ce budget, établi il y a soixante-quinze ans, ne correspond plus aux nécessités actuelles.

Par exemple, le traitement attribué aux curés de campagne, en 1810, pouvait être de 900 francs, somme alors suffisante pour vivre, et qui n'est plus aujourd'hui qu'une aumône dérisoire.

Ces prémisses posées, examinons de quelle façon la Révolution entend la liberté de conscience.

*
* *

Est-ce respecter la religion que d'exiger des évêques, des prêtres, l'approbation absolue de tous les actes du gouvernement, et de traîner devant les tribunaux ceux qui, soit en usant de leurs droits civiques, soit en usant de l'autorité qu'ils tirent du caractère sacerdotal, ne craignent pas de censurer ces actes?

Nous avons vu des évêques traduits au Conseil d'État, et décrétés d'abus pour avoir défendu l'Église.

Nous voyons à tout instant des prêtres amenés à la barre de la police correctionnelle sous des prétextes si futiles, ou des accusations si légères, qu'ils sont acquittés par les juges, ou condamnés à des peines si minimes que la sentence, dictée par la lettre de la loi, strictement, est un désaveu de la poursuite intentée.

Si l'on dirigait contre un rabbin juif, un pasteur protestant, un marabout musulman, la moindre des injures, la plus anodine, la plus déguisée de celles dont on accable le Pape, les cardinaux, le clergé tout entier, les ordres monastiques, le gouvernement sévirait aussitôt avec une implacable rigueur.

D'où vient qu'il est permis d'insulter le Vicaire du Christ, les princes de l'Église? de bafouer les prêtres, de traîner dans l'ordure l'habit ecclésiastique?

Cette tolérance excessive ne lèse-t-elle pas la liberté de conscience, et quand vous laissez bénignement attaquer nos dogmes, nos prêtres, ne manquez-vous pas à ce respect des choses saintes que vous commande le respect de notre liberté?

Le gouvernement favorise-t-il les manifestations extérieures du culte? Non pas. Il interdit ou laisse interdire les processions, s'armant de vieilles lois tombées en désuétude, et contre lesquelles protestent ceux-là même en faveur de qui elles furent édictées. Il ferme les chapelles, il envahit les couvents, et vient enfin de se signaler par l'attentat odieux qui sera stigmatisé, dans l'histoire, sous le nom d'*exécution des décrets du* 29 *mars*.

***

On sait assez comment cette entreprise a été préméditée, conduite à sa fin, terminée par la plus incroyable violence, aux yeux de l'Europe stupéfaite d'un tel mépris du droit et de la justice.

Tous les efforts tentés pour aboutir à une conciliation échouaient ; les négociations avec Rome, conduites par l'esprit d'intrigue, avaient pour conclusion la trop fameuse Déclaration qui n'était qu'un piège tendu par les persécuteurs aux persécutés, afin de les discréditer et de leur enlever leur prestige.

Les Congrégations, en adhérant loyalement

à cet acte, ne se doutaient point qu'il ne satisferait nullement les passions politiques de leurs adversaires, et bien que la France entière ne voulût pas croire que les décrets fussent exécutés, l'événement démontra une fois de plus que la Révolution ne peut s'arrêter dans la voie où elle s'est engagée.

Son respect de la liberté de conscience s'est affirmé par l'expulsion à main armée des Jésuites, des Dominicains, des Bénédictins, des Capucins, des Maristes, des Prémontrés. *Deux cent soixante et onze* domiciles, appartenant à des citoyens paisibles, payant l'impôt et jouissant de tous leurs droits civils et politiques, ont été violés avec une audace tranquille qui déconcerte l'indignation.

Ce n'était pas assez d'employer la police à ces répugnantes besognes. On y a contraint la gendarmerie, le corps des pompiers, l'armée. On a vu un général, à la tête de quatre mille hommes, mettre le siège devant un monastère, où vingt moines s'étaient enfermés pour prier.

Ni la sainteté du caractère, ni la dignité du

rang, ni la majesté de l'âge, ni la faiblesse ou la maladie n'ont pu désarmer les fauteurs de ces incroyables attentats.

Le peuple, pour qui toute tyrannie est odieuse, manifestait son dégoût et défendait les victimes. En plus d'un endroit, si les persécutés n'avaient eux-mêmes interposé leur autorité morale, le sang aurait coulé.

Les circonstances épisodiques de cette guerre aussi ridicule que funeste rappellent les plus mauvais jours de notre histoire. Ce monstrueux attentat à la liberté est environné de tout ce qui flétrit et déshonore, de tout ce qui allume la haine et provoque le mépris. On ne nous a rien épargné, et pour couronner ce faisceau d'iniquité et d'ineptie, on a corrompu jusqu'à la notion de la loi, en faisant commettre au nom de la loi, et par les agents de la loi, des actes que la loi défend et punit.

Aussi, n'est-ce d'un bout à l'autre du monde civilisé que protestations indignées.

La magistrature française n'a point voulu prêter son concours à cette criminelle entreprise contre la liberté religieuse, la liberté de conscience, la liberté individuelle, l'inviolabilité du domicile et la propriété. Plus de quatre cents magistrats ont préféré descendre de leur siège, donnant ainsi le plus magnifique exemple du respect de la loi et de la liberté.

Les mesquines rancunes du pouvoir ont essayé de flétrir ces courageux défenseurs de la justice, en transformant en révocations des démissions spontanément offertes. Mais l'opinion publique s'est prononcée, et les noms des représentants du droit sont inscrits au Livre d'Or, de même que les noms des exécuteurs sont cloués au pilori.

Le barreau français, les avocats, les jurisconsultes, les professeurs, se sont presque tous associés à la consultation élaborée en faveur des congrégations religieuses par l'un des plus éminents d'entre eux, M. Rousse, que, pour le récompenser de son indépendance, comme pour rendre hommage à son haut mérite, à son incomparable éloquence, l'Académie française a appelé dans son sein.

La liberté de conscience, mais ce sont les magistrats démissionnaires, les jurisconsultes, qui l'ont défendue contre les attaques de la Révolution !

M. de Bismark avait, autrefois, fait la même chose. Il s'en est repenti et il en est revenu. Ce qu'il essayait dans un pays où la majorité est protestante, où le pouvoir est solidement assis, où règne un monarque presque absolu, rendu populaire par des conquêtes, par des guerres heureuses, hélas ! il ne put l'accomplir, malgré son habileté.

Le gouvernement qui nous opprime réussira-t-il mieux dans un pays livré à la Révolution, bouleversé par des luttes quotidiennes, en proie à toutes sortes de divisions, où le pouvoir, mal assis, mal gardé, se défend contre plusieurs partis puissants ; dans un pays où, par surcroît, l'immense majorité des citoyens est catholique? Catholique de religion et de pratique, ou catholique simplement de mœurs, de doctrines, d'aspirations, de poésie même, si l'on veut...

On ne détruit pas le catholicisme en France.

La police n'y peut rien, ni les crocheteurs de jésuites, ni les insulteurs de prêtres. Et quand on voit l'autorité réduite à courber l'échine devant quelques moines désarmés et quelques vieillards impotents, on rit,— en attendant que l'on s'indigne.

On admire les pauvres religieux expulsés par la force de leurs demeures violées; conduits à travers les villes par des gentilshommes de haut renom, par des ouvriers de noble vie ; recueillis par l'hospitalité française, — cette hospitalité qui ne se refuse même pas à l'ennemi ! — salués des acclamations de tout un peuple, bénissant le peuple qui les acclame, les amis qui les défendent, les agents qu'on force à la besogne, et les chefs qui président à cette besogne, et ceux encore qui l'ont commandée !...

Et que pense-t-on de ces commissaires de police embarrassés, quêtant des ordres, n'osant s'aventurer sans un conseil précis; de ces sergents de ville bons enfants, qui roulent des yeux terribles, mais qui supplient, mais qui maugréent tout bas, mais qui pleurent furtivement ; de ces gendarmes, tout étonnés de jeter à la porte de leur maison des hommes auxquels ils doivent présenter les armes ; de ces soldats qu'on appelle à la rescousse contre les prêtres ?

N'eût-t-on pas dû, au moins, épargner à l'armée française cette grande honte de l'associer à des actes si contraires à l'honneur militaire, à la discipline, au respect de l'autorité ? Est-ce que nous vous donnons nos fils pour que vous en fassiez des argousins ?

M. de Freycinet et ses complices auraient dû méditer ces paroles d'un républicain sincère, Armand Carrel :

« Les hommes rares, ce ne sont pas ceux qui, avec beaucoup de millions, beaucoup de gendarmes, beaucoup de corruption, trouvent moyen à grand'peine de maintenir, par le massacre et l'injustice, une autorité usurpée et contestée ; ce sont ceux qui, par un ascendant irrésistible, s'imposent à tout ce qui les entoure et sont obéis et suivis en vertu de la seule action qu'exerce leur personne. »

A quoi ont abouti les persécutions religieuses en Allemagne, en Suisse, en Italie, en Russie, en Irlande? Quels avantages en ont retiré les Etats qui les ont inaugurées? Partout, après des victoires trop faciles dues à la surprise ou à la force, on n'a pu triompher de la foi, ni du bon sens et de l'instinct de justice qui sont dans le peuple. Et l'heure est venue où les persécuteurs eux-mêmes ont compris que leur œuvre était dangereuse, coupable, mauvaise, périssable.

Il y a longtemps que Joseph de Maistre l'a dit : « *Qui mange du Pape en crève!* » L'histoire démontre par les faits la vérité de cette affirmation brutale. L'heure de Dieu viendra, elle vient toujours, et comme le dit un grand écrivain, lorsque Dieu veut châtier un peuple, *il met parfois son bras dans la manche d'un coquin!*

V

De même que la Révolution se vantait de donner la liberté de conscience, qu'elle nous dénie aujourd'hui, de même, elle avait promis la liberté de penser, la liberté de parler, la liberté d'écrire, qu'elle enchaîne plus que ne le firent des gouvernements soi-disant despotiques.

On a vu récemment comment l'Etat révolutionnaire entend la liberté de la tribune.

Un élu du suffrage universel, un mandataire du Peuple souverain, investi d'un mandat que nul ne peut entraver sans forfaiture, inviolable dans sa personne, a été appréhendé au corps, arraché de son siège et transporté, par la force armée, hors de l'enceinte où ses électeurs l'avaient envoyé. Vingt malheureux soldats ont dû prêter la main à cet attentat, en vertu d'un règlement qui n'a pas force de loi. Et ce même règlement, naguère imposé par une majorité inflexible à une minorité rudoyée, a permis qu'un député fût sequestré, mis en prison et au secret, lorsqu'il faut à la Justice criminelle des charges accablantes, pour qu'elle puisse en agir ainsi vis-à-vis d'un accusé !

Le scandale provoqué par cet incident « parlementaire » est à peine assoupi. D'autres exemples, moins apparents peut-être et moins brutaux dans la forme, l'avaient précédé.

Pas plus en 1880, qu'en 1848 et en 1793, la Révolution n'admet la liberté de la tribune. Et non seulement elle baillonne ceux qui veulent, même en vertu d'un mandat légitime, discuter ses actes, mais encore elle sévit contre eux, moins soucieuse de sa propre dignité et de leur liberté, que le juge ne l'est de la dignité et de la liberté du coupable appelé à comparaître à sa barre.

***

La liberté de penser n'existe que pour

ceux qui ne pensent pas, car ceux qui pensent parlent, écrivent et agissent. Or il est dangereux de parler, sous la troisième République. Jamais on n'a tant condamné pour délit de cris séditieux : c'est à faire croire que tout le monde est rebelle. Un journaliste a été mis en prison pour avoir crié *Vive la liberté, A bas les tyrans !* C'est donc qu'on s'est reconnu, et qu'on ne servait pas, ce jour-là, la Liberté, — la déesse aux puissantes mamelles.

La police est aux écoutes : non pas cette police que tous les honnêtes gens respectent, parce qu'elle remplit le plus pénible et le plus utile des devoirs sociaux ; mais l'autre : celle qui se déguise, celle qui se cache, celle des sbires masqués, des « mouchards », comme on disait sous l'Empire. L'armée des *mouchards* ne compte pas un espion de moins qu'il y a douze ans.

La prudence est devenue vertu obligatoire, et plus d'un citoyen pourrait dire, à l'instar d'*Angelo, tyran de Padoue* : « *J'entends la nuit des pas dans mon mur.* »

La liberté d'écrire est soumise aux lois sur la presse, qui ne sont point libérales. Le journal est étroitement surveillé : l'article, la ligne, le mot, la chanson, le dessin, qui déplaisent au gouvernement, conduisent en prison l'imprudent auteur. Toute vérité n'est pas bonne à dire, assure un méchant proverbe. Toute vérité est bonne à entendre. Et quand on se prétend les détenteurs de la liberté, que ne commence-t-on par rendre libre la vérité ?

***

A-t-on, du moins, la liberté d'enseigner ? Pas davantage, L'Assemblée nationale avait accompli une œuvre des plus méritoires, en décrétant la liberté de l'enseignement supérieur. Aussitôt élue, la Chambre du 14 octobre a lestement édicté des mesures restrictives, à seule fin de détruire cette liberté de l'enseignement supérieur, réclamée depuis trente ans par tous les partis.

L'Etat veut le monopole de l'enseignement. Son but est de bannir Dieu de l'école, de laïciser l'instruction, de précipiter, par ce moyen, la jeunesse dans l'indifférence en matière de religion qui conduit à l'incrédulité absolue d'abord, et ensuite à l'hostilité déclarée contre l'Église.

Or, je l'ai dit ailleurs, et je tiens à le répéter : « L'ennemie de la paix sociale, c'est la libre-pensée. Si vous enseignez que Dieu n'existe pas ; si vous détruisez le dogme d'une vie future, où les bons seront récompensés et les méchants punis ; si vous affirmez qu'il ne reste rien de l'homme après la mort ; si vous ne proposez pour but au travail, aux efforts, aux souffrances, que la satisfaction des appétits, le succès des ambitions ; si vous remplacez l'espérance du lendemain de la mort par un désolant matérialisme, de quel droit conseillerez-vous aux malheureux la résignation, et quel frein leur imposerez-vous, hormis la force brutale ? »

La campagne entreprise par M. Jules Ferry contre l'enseignement religieux à tous les degrés constitue la violation la plus complète des droits et de la liberté des pères de famille. Il en existe une preuve indiscutable : c'est la pétition couverte de deux millions de signatures, qui fut adressée au Parlement contre les lois Ferry, au moment où elles venaient en discussion.

C'est par les Frères des Ecoles chrétiennes que la campagne contre l'enseignement chrétien a commencé. Partout où on l'a pu, leurs écoles ont été laïcisées, et l'on continue à les chasser, dès que les circonstances s'y prêtent.

Dans une réunion publique, M. Pascal a tracé un tableau saisissant des moyens employés par la fureur démagogique pour tenter la suppression des congréganistes.

« L'enseignement chrétien est livré à toutes les fureurs du conseil municipal : — c'est à qui en arrachera un lambeau. Chacun veut la suppression de l'école de son quartier, et la demande sur l'heure ; le préfet, qui ne sait à qui entendre et par qui commencer, demande au moins qu'on lui donne le temps de saisir un prétexte : des prétextes, on lui en fournira. La délation s'organise sur une large échelle ; des agents, postés aux portes des écoles des Frères, épient les enfants à la sortie des classes. On sollicite les plaintes. Cet enfant est un peu triste ; — on l'a battu sans doute. Mais non, on vient simplement de lui infliger un *pensum*. A tout prix il faut que le *pensum* se change en brutalité ; et on y serait parvenu, il y a quelques jours à peine, si une brave femme du peuple, indignée de cette manœuvre, n'avait sauté à la gorge du misérable pourvoyeur.

« Des conseillers municipaux parcourent leur quartier, vont de porte en porte, mendiant les plaintes et les récriminations, et c'est ainsi que, sournoisement, sur les plus odieux prétextes, par des arrêtés provoqués par la calomnie et la diffamation, on supprime peu à peu ces écoles populaires, qu'on n'a pas le courage de frapper en face, de fermer par une mesure générale, en vertu d'un principe d'exclusion dont l'iniquité est si révoltante, qu'on ne se sent pas la force de l'appliquer. Et, quand une école est fermée, croyez-vous qu'on en reste là ? Non, sa mort ne suffit pas, il faut l'empêcher de revivre... »

Néanmoins toutes ces violences, tous ces espionnages, toutes ces misérables machines de guerre, montées à si grands frais, ont eu des résultats bien différents de ceux qu'on en attendait. A côté des écoles laïques, désertes, et qui coûtent très cher, les Frères ont ouvert des écoles libres trop petites pour la foule qui s'y presse. Leurs élèves composent encore l'immense majorité de la population scolaire de la France.

Tandis que les catholiques réclamaient la liberté de l'école, la liberté de l'enseignement, le parti radical imaginait vexation sur vexation pour atteindre à ces libertés qu'on nous a promises, qu'on nous refuse et que nous avons le droit de revendiquer sans cesse. C'est la loi sur la collation des grades, qui rend à l'Etat le monopole qu'avait affaibli, sans le détruire, la loi de 1875 ; c'est la laïcisation organisée ; c'est l'instruction gratuite et obligatoire votée sous l'expresse condition qu'elle sera laïque, c'est-à-dire qu'elle blessera la liberté de conscience et lésera la liberté d'enseignement.

De quelque côté qu'on se tourne, on ne voit que lois restrictives. « *Il faut, si l'on veut démocratiser la terre, commencer par démonarchiser le ciel* », disait récemment le journal officiel de M. Gambetta. C'est bien le mot de la situation. L'Etat, révolutionnaire et athée, veut détruire la notion de Dieu et supprimer le libre arbitre.

Aussi M. Jules Simon, qui ne saurait être suspect de cléricalisme, disait-il dans son rapport au Sénat sur les projets Ferry :

« La vérité, qu'il faut avouer sans détour, est que vous prenez une classe de citoyens dont les opinions vous déplaisent, dont les tendances vous sont suspectes, et que vous supprimez pour eux la liberté d'enseignement.

« L'État a-t-il le droit d'exclure du droit d'enseigner ceux dont il juge les doctrines dangereuses ?

« *S'il a ce droit, il n'y a pas de liberté d'enseignement.*

« A-t-il le droit d'exclure du droit d'écrire ceux dont il juge les doctrines dangereuses ?

« S'il a ce droit, il n'y a pas de liberté de la presse.

« Pourquoi aurait-il, sur la parole parlée, un droit qu'il n'aurait pas sur la parole écrite?

« Parler, écrire, c'est le même acte ; il n'y a de différence que dans l'instrument.

« Ce sont les deux formes de la liberté de penser.

« Qui doit le comprendre mieux que la République, et la République du suffrage universel? Le premier mot de la devise républicaine est Liberté!... »

Eh bien! éloquence et logique sont dépensées en pure perte. La devise républicaine est une fausse étiquette. D'un seul coup, nos maîtres suppriment toutes nos libertés; ils les aiment d'un amour si jaloux, qu'ils les accaparent à leur profit.

Et par une inconséquence qui n'est peut-être, au fond, que du cynisme, ils poursuivent, au nom de la liberté, ceux qui croient, qui pensent, qui enseignent, qui parlent, qui écrivent autrement qu'il ne leur plaît.

Ils criaient au despotisme, et sont despotes sans vergogne ; ils criaient à la tyrannie, et sont tyrans sans scrupules. Enfin, il n'est rien qu'ils n'aient promis, et de toutes leurs promesses il reste le comique souvenir!

VI

Puisque la République n'a donné aucune des libertés que les républicains promettaient, a-t-elle, du moins, ramené cette prospérité financière, industrielle et commerciale dont la France jouissait autrefois ?

Il suffit, pour résoudre la question, de jeter un regard autour de soi et d'examiner la chronologie des dix années dernières. On verra que le chômage jette des milliers d'ouvriers sur le pavé, que les grèves se multiplient, que les manufactures se ferment, que, partout, le travail manque.

A Lyon, dans le Nord, dans le Midi, ce ne sont que sinistres commerciaux, faillites énormes, qui ruinent des centaines de familles. On connaît les grèves d'Anzin, de Firminy, de Charleroi ; la fameuse grève des ouvriers typographes, soutenus par l'Internationale, aboutissant à la quasi-dissolution de leur Société ; jusqu'à la grève des cochers de fiacre, dont Paris se moqua, mais qui fut désastreuse pour la capitale.

De toutes parts, on répète que le commerce est dans le marasme : les affaires ne vont pas, l'argent est rare... Ces doléances, qui ne les a pas entendues? Il est certain que le commerce, accablé d'impôts, soumis à des fluctuations imprévues que la facilité des transports rend inopinées, a moins de bénéfices et moins de sécurité qu'autrefois.

Mais ce n'est pas ici le cas de discuter d'une façon approfondie la question industrielle et commerciale, qui nous entraînerait à de trop longs développements. Il nous suffit de constater, sans même entrer dans le dédale des faits, que le commerce français et l'industrie française ne sont nullement dans l'état florissant qu'on leur promettait.

*
* *

La République a-t-elle, tout au moins, diminué les charges qui pèsent sur les contribuables? Et, tout en tenant compte des grands désastres que nous avons subis, et dont le nouveau régime ne doit pas porter l'entière responsabilité, payons-nous moins d'impôts, et les impôts sont-ils plus également répartis?

Il est de droit naturel que l'autorité peut lever sur le peuple un impôt proportionné à la fortune de chacun et l'appliquer aux besoins du gouvernement, besoins qui sont relatifs et varient suivant les pays, les circonstances et le temps.

En France, avant la Révolution, le contingent de chaque individu de la population imposable était de 5 francs sous François Ier et Louis XIII, de 2 francs 40 sous François II, de 4 francs 30 sous Henri IV. En 1700, le total général des impôts, tailles, capitation, dixième, gabelles, aides, contrôle, douanes, frais de perception, se montait à environ 487 millions, soit 25 francs 80 par habitant.

Nous sommes loin de notre budget de DEUX MILLIARDS ET DEMI !

On aurait donc bien mauvaise grâce à reprocher à l'ancien régime la quantité et l'énormité de ses impôts. Nous payons la *dîme* sous un autre nom, la *corvée*, qui est devenue la *prestation en nature*, les contributions directes et les contributions indirectes. Nous ne pouvons naître, manger, boire, dormir, respirer, fumer, nous divertir, acheter, vendre, travailler ou être oisif, sans payer un droit à l'Etat.

Les divers gouvernements républicains qui se sont succédé n'ont apporté aucune amélioration au système financier, et tout au contraire, en acceptant l'héritage des régimes qu'ils remplaçaient, au lieu de diminuer les charges, ils les augmentaient, grevant le budget de charges nouvelles.

***

Veut-on maintenant des chiffres? Nous en pouvons donner, et des plus éloquents.

Quels ont été les budgets de la dépense, à la dernière année des règnes de Louis XVIII et de Charles X?

Sous Louis XVIII, l'exercice de 1823 se résume ainsi :

Budget de la dette consolidée et de l'amortissement.	228,621,260
Dépenses générales. . .	534,261,220
Pour frais de régie, d'exploitation, de perception, et non-valeurs de contributions directes et indirectes, et des remises de l'État.	130,663,973
Pour remboursements et restitutions à faire aux contribuables sur le produit desdites contributions. . . .	6,189,000
Total des dépenses. .	899,735,453

Sous Charles X, le budget des dépenses pour l'exercice de 1830 porte :

Dépense de la dette consolidée et de l'amortissement.	245,543,065
A reporter. . .	245,543,065

Report. . . .	245,543,065
Dépenses générales du service.	557,188,370
Frais d'administration et de perception des impôts directs et indirects et des revenus de l'État.	128,169,047
Remboursement et restitution à faire sur le produit desdits impôts et revenus et au payement des primes à l'exportation.	41,929,397
Total. . . .	972,829,879

Prenons maintenant les budgets de la dépense à la dernière année du règne de Louis-Philippe, de la République de 1848, de Louis Napoléon.

Sous Louis-Philippe, dépenses de l'exercice de 1848.

Service ordinaires :	
Dette publique. . . .	384,346,191
A reporter. . . .	384,346,191

Report. . .	384,346,191
Dotations.	14,922,150
Services des ministères. .	731,335,104
Frais de régie, perception et d'exploitation des impôts et revenus publics. . . .	156,892,495
Remboursements et restitution, non valeurs, primes et comptes.	74,185,730
Services extraordinaires :	
Travaux régis par la loi du 25 juin 1841.	20,298,500
Travaux régis par la loi du 11 juin 1842.	64,230,000
Crédits pour services spéciaux.	21,283,592
Total général. .	1,467,493,762

Sous la République, l'exercice de 1852 se résume ainsi :

Dette publique et services généraux des ministères constituant les charges de l'Etat.	1,001,855,706
Dépenses d'ordre, frais inhérents à la perception des impôts.	428,507,538
Travaux extraordinaires, exercice de 1852. . . .	73,035,602
Total.	1,503,398,846

Enfin, sous Napoléon III, l'Exercice de 1870, votée en mai 1869, constate un accroissement colossal :

Budget ordinaire.	1,670,882,748
Budget extraordinaire. . .	123,406,811
Amortissement. . . .	77,122,000
Services spéciaux rattachés pour ordre au budget.	91,848,909
A reporter. . .	1,963,260,468

Report. . . .	1,963,260,468
Dépenses sur ressources spéciales.	280,298,278
Total. . . .	2,243,558,746

Que l'on compare et que l'on juge !

Il faut remarquer que la Restauration succédant à l'Empire fut obligée de servir les intérêts de la dette de l'Empire, qui devaient être d'une certaine importance, puisque la dépense du budget de 1813 s'élevait à un milliard cent cinquante millions, et qu'un million de rente avait été créé pour couvrir ce qui pouvait rester dû sur les exercices précédents.

Le dernier budget du règne de Louis-Philippe dépasse de 568,675,209 fr. le dernier budget du règne de Louis XVIII, et de 494,653,653 fr. le dernier budget du règne de Charles X.

Notons que Louis-Philippe, pendant tout son règne, ne fit que deux expéditions de peu d'importance : celle d'Anvers et celle d'Ancône.

Tandis que, d'une part, Louis XVIII eut à payer l'indemnité de guerre aux puissances étrangères, 700,000,000 millions, d'autre part, Charles X, durant son règne, eut à supporter l'indemnité concédée aux émigrés, un milliard; les frais de l'expédition de Grèce et de la conquête de l'Algérie.

Le dernier budget de la République de 1848 dépasse de 604,200,403 fr. le dernier budget du règne de Louis XVIII, et de 531,158,997 fr. le dernier budget du règne de Charles X.

Le dernier budget, enfin, du second empire, dépasse le dernier budget du règne de Louis XVIII de 1,251,319,499 fr.

Si les chiffres, ainsi qu'on l'a dit si souvent, ont leur éloquence, certes, ici, elle ne peut manquer d'être persuasive.

*
* *

Ce n'est pas assez de comparer les budgets des dépenses de la Monarchie avec ceux de la République. Ce n'est pas seulement une augmentation d'impôts que la République nous a coûté. Elle a obéré nos finances, c'est incontestable, mais elle a, en outre, diminué notre capital.

Il n'est pas inutile de faire le calcul des trésors qu'elle a dévorés. C'est absolument facile.

La première République, qui a duré quinze ans, a coûté à la France 54 milliards 963 millions 641 mille francs.

Cette somme se divise ainsi :

Salaires aux premiers fonctionnaires.	231,641,000
Vente de biens nationaux.	3,325,000,000
Emissions d'assignats. .	47,000,000,000
Emprunts forcés. . . .	2,000,000,000
Emission de mandats. .	2,407,000,000
	54,963,641,000

A cette somme il faut ajouter : 27.000 villes bourgs, villages, hameaux, châteaux, métairies, fermes, détruits, en France ou dans les colonies, par la guerre civile ou l'invasion étrangère, causées, l'une et l'autre, par la « folie furieuse » des Assemblées révolutionnaires.

Pendant ces quinze années, la France a vu périr par les proscriptions, les guerres intestines et étrangères, les fusillades, les mitraillades, les noyades, la famine, les échafauds, etc., 4 millions 27,000 hommes, femmes et enfants.

En quatre ans, la deuxième République a dépensé au moins 7 milliards.

Rappelons, pour mémoire : l'impôt des 45 centimes ; l'augmentation de la dette publique, qui avait été de 70 millions par an sous la Restauration, de 77 millions par an sous le règne de Louis-Philippe, et s'est élevée, sous la deuxième République, à 179 millions par an, soit 716 millions en quatre ans.

Le chiffre des hommes tués pendant les insurrections républicaines de février et de juin 1848 peut être évalué à 20,000.

La troisième République, dans les dix premiers mois seulement de son existence, a continué la guerre après Sedan.

La Prusse ne demandait alors que la cession de Strabourg et 1 milliard 500 millions d'indemnité.

L'orgueil et l'ambition des républicains du 4 septembre nous ont coûté 150,000 hommes morts ou tués à l'armée, depuis le 4 septembre 1870 jusqu'au 2 février 1871.

La deuxième partie de la guerre (depuis la chute de l'empire) a augmenté notre dette de 7 milliards, dans lesquels nous comprenons les suppléments d'indemnité réclamés par la Prusse, à cause de la continuation de la lutte, et les dépenses sans contrôle du gouvernement dictatorial de Gambetta.

L'insurrection de la Commune, faite au cri de : Vive la République ! nous a coûté la somme énorme de QUATRE MILLIARDS.

Les dommages matériels subis par la ville de Paris, à la suite de l'insurrection, sont évalués à 34 millions par jour, c'est-à-dire à plus d'un milliard par mois. Ce milliard se décompose ainsi : La solde des 200,000 gardes nationaux à 1 fr, 50 par jour, 300,000 fr.; la solde des femmes et des enfants de ces gardes nationaux, en comptant 50 centimes par tête, 100,000 fr.; munitions et frais de guerre, 500,000 fr.; perte de leur journée de traval de 300,000 ouvriers, à 6 fr. la journée, 1,800,000 fr. On peut retrancher la solde des gardes nationaux, ce qui donne 1,500,000 fr.; perte de ceux qui emploient des ouvriers, 600,000 fr.; pertes des fabricants des articles dits de Paris, 2,200,000 fr.; pertes générales du commerce, 10,000,000 fr.; pertes sur la vente des vivres, à la suite de la fuite de 800,000 individus, 2,400,000 fr.; pertes sur la construction des bâtiments, par la même cause, 2,400,000 fr. ; pertes par l'éloignement et la non-arrivée de 150,000 provinciaux et étrangers, par le manque de leurs achats et autres dépenses, 9,000,000 fr.; pertes sur les logements non loués, 2,000,000 fr.; dépenses de l'armée de Versailles, 3,000,000. — Total, plus de 34 millions par jour.

En résumé :

Pendant les dix-neuf ans et dix mois qu'ils

ont mené les affaires de la France, les républicains ont fait périr, par leur crimes, leur orgueil, leur ambition, leur despotisme, leur incapacité, leur imprévoyance, 4 millions 227,000 Français.

Ils ont dépensé 71 milliards de francs.

Est-ce assez concluant, et la République est-elle vraiment le gouvernement qui coûte le moins ?

VII

Une des prétentions les plus réjouissantes des temps bizarres où nous avons l'heur de vivre est d'offrir la République comme le gouvernement austère par excellence, régénérant les mœurs, dissipant les abus, moralisant les masses, et finalement créant une société aplanie, aplatie, sans hiérarchie ni caste. C'est bouffon.

Rien n'est plus drôle que d'ouïr ou de lire les déclamations ampoulées de nos rhéteurs sur les corruptions de l'Empire. Ne vit-on pas un jour, à la Chambre des députés, le massif tribun qui règne à grand tapage clamer contre ce qu'il appelait avec un dédain risible la *pourriture impériale ?*

Pourriture, soit ! citoyen ; — mais la République a-t-elle donc si bien nettoyé les écuries d'Augias, qu'il y reste tant d'ordures ? Et véritablement la voyez-vous fondée, comme l'exige Montesquieu, sur la vertu?

Les mœurs de notre société, sceptique, matérialiste et blasée, n'ont de parangon dans l'histoire que les mœurs du Directoire, de la Byzance de Dragosès, de la décadence romaine.

Si l'on soulevait tous les voiles, ceux de drap d'or et ceux de serpillière, quels infâmes fumiers ne découvrirait-on pas ?

De temps à autre éclate quelque scandale effroyable, qui laisse entrevoir les abîmes du vice élégant ou du vice canaille, et l'on peut dire, en vérité, que la corruption d'en haut et la corruption d'en bas n'ont rien à se reprocher. Ignoble, et si profonde, qu'on s'en épouvante, et que, ne la pouvant guérir, on essaye au moins de la cacher.

Si la littérature et le théâtre sont, comme les moralistes l'affirment, l'image et le reflet de la société, il faut avouer que la nôtre est bien malade, car le libertinage effréné, l'adultère, les pires passions sont les sujets préférés du drame, de la comédie et du roman.

Mais ce n'est pas seulement l'analyse impure des perversités qui distingue cette littérature inférieure, c'est la peinture complaisante, cynique, des passions les plus honteuses. Des tableaux d'un réalisme offensant remplissent des journaux distribués sur la voie publique : le poison ne coûte que trois sous, ou même ne coûte rien, et s'empoisonne qui veut.

Parfois quelque récit d'une obscénité trop apparente est dénoncée à la justice, qui met la main sur le pornographe impudent et l'envoie en prison ; mais *non deficit alter* : le journal paie l'amende et prend un pornographe de rechange. Il y a tant de gens qui vivent de ce pain-là !

Des plaintes indignées ont retenti. Le mal augmente. Il est des rues, et les plus brillantes, où le père, en plein jour, n'ose plus passer avec sa fille, où des propos infâmes se vocifèrent, où les créatures sans nom s'étalent avec une impudence que protège la faiblesse des citoyens.

Il faudrait pouvoir tout dire, et parler très haut. Qui l'osera ? Qui voudrait tremper sa plume dans ce bourbier, passer à travers ces fanges?

*
* *

Comment s'étonner, d'ailleurs, de cette universelle démoralisation que je me borne à indiquer, sans en pénétrer les mystères ? On a, sinon détruit, du moins transformé la famille. D'union intime, sainte, indissoluble qu'elle était, on en a fait une association d'intérêts, une sorte de raison sociale, où le père est le camarade de ses fils, où la mère élève ses filles, non pour elles, mais pour le monde qui s'amuse, reluit et flétrit.

Que de fois n'a-t-on pas répété le triste mot : « Il n'y a plus d'enfants! » Hélas! où les trouverait-on? Le collège les déprave; des imberbes de seize ans ne croient plus à rien, et posent au désabusé. La jeunesse a pour dandysme de n'avoir plus ni foi ni loi, et le plus outrecuidant de ces fanfarons de vice est le plus admiré.

Le mariage n'est plus, pour un trop grand nombre, ce que l'a fait l'institution divine : un *sacrement*. Il n'est qu'un *contrat*, une sorte de concubinage légal. On se marie le plus tard possible, afin de jouir en paix de la liberté du célibataire. Puis la femme est un objet de luxe.

Quand M. Dupin écrivait sa fameuse brochure sur le luxe effréné des femmes, il ne se doutait point que les folies de son temps seraient dépassées, et que nos spartiates de 1880 inventeraient des raffinements fastueux à étonner les anciens satrapes de l'Asie.

On veut armer l'homme contre le luxe de la femme, et la femme contre l'autorité de l'homme, et comme on a le mépris du mariage, on proclame la nécessité du divorce, c'est-à-dire de la prostitution légale.

En substituant le mariage civil au mariage religieux, en supprimant la liberté de tester, en restreignant l'autorité paternelle, en accordant au célibataire les mêmes droits qu'au chef de famille, le législateur révolutionnaire a détruit l'organisation de la famille, telle que l'Église l'avait établie, et c'est là qu'il faut chercher l'origine de la décadence des mœurs.

Voilà quels sont, parmi les plus apparents, les symptômes de la maladie qui dévore le corps social : accroissement périodique, incessant, du nombre des crimes, des suicides, des duels ; augmentation des maux physiques, folie, alcoolisme, dégénérescence de la race, dépopulation progressive ; mépris et irrespect du mariage, destruction de l'autorité paternelle, dissolution de la famille.

Rapprochez de ces faits les tendances de la science vers le rationalisme, de la philosophie vers le matérialisme, de la littérature vers le naturalisme, et vous reconnaîtrez que la République nous ramène au paganisme par le plus court chemin.

La République, qui veut *déchristianiser* la France, favorise le relâchement des mœurs, tolère toute licence, accorde droit de cité au vice ; elle n'a pas de loi contre le duel et ne sait rien opposer à la contagion du suicide ; elle ne sait ou ne peut plus arrêter cette épidémie de crimes qui nous gagne : crimes excessifs, crimes inutiles, crimes illogiques, dont le caractère est l'*excessivité,* due à l'effervescence dissolvante des mœurs, à l'abus des jouissances matérielles, du bien-être, à l'envie et à l'irréligion.

*
* *

Ce retour au paganisme, penchant caractéristique de l'époque, est servi par la haine de la hiérarchie, cause de la Révolution ; car, sur les débris de la hiérarchie sociale des anciens régimes, la Révolution a créé l'aristocratie de la blouse, bien autrement redoutable que celle de la naissance et de l'intelligence, qui n'existent plus devant le suffrage universel.

Il ne faut pas croire, en effet, que la République ait établi cette égalité si prônée par la suppression des castes.

Les castes, elle a pu les détruire, mais seulement pour en créer de nouvelles à son profit; nous avons la finance juive, la finance libérale, la bourgeoisie héréditaire, la noblesse du fonctionnarisme, les dynasties ministérielles.

Et pour séparer nettement, par une ligne de démarcation impossible à franchir, ces castes des nouvelles couches sociales, comme les appelle M. Gambetta, de l'ancienne société française où chacun avait sa place et savait la garder, on a créé pour nous, les conservateurs, une épithète qu'on voulait dédaigneuse et qui n'est que bête. On nous appelle *les Ruraux*.

Les prétendus démocrates manifestent un grand dédain pour le paysan. Ils en font une machine, le traitent d'ignorant, d'imbécile, et s'indignent de le voir se mêler aux affaires publiques. Un de leurs journaux disait : « Le « paysan a trois passions : 1° celle des écus ; « 2° celle des écus ; 3° celle des écus ; quant « aux sentiments d'honneur, de liberté, de « patriotisme, il les a reléguées dans les troi- « sièmes dessous de sa conscience ! »..... Voilà comme on traite ceux qui donnent à la patrie leurs sueurs et leur sang. Tout autre sentiment que l'avarice, la soif des écus, leur est inconnu ! Ils ne sont donc que des brutes, ils ont des femelles et non pas des femmes, des petits et non pas des enfants. Ainsi l'honneur, le patriotisme, le respect, la foi, les ruraux ne peuvent les posséder, et d'hommes que Dieu les a créés, on fait d'eux des bêtes incapables d'autre chose que d'amasser de l'argent. Ceux qui parlent ainsi se prétendent les amis du peuple !

Ils ont dit plus, ces fameux démocrates que l'on présente comme des apôtres de la liberté, de l'égalité, de la fraternité. Voici en quels termes s'exprimait un organe de ce parti, *le Patriote Albigeois* :

« *Méchant plus souvent que bête, le paysan*
« *est généralement voleur s'il est métayer,*
« *usurier s'il est propriétaire, lâche s'il n'a*
« *pas été transformé dans la vie militaire ou*
« *par le séjour des villes. Cette fois heureusement le paysan s'est absolument trompé,* ET
« NOUS ATTENDONS AVEC IMPATIENCE LE MOMENT

« TROIS FOIS BÉNI OÙ LE PLUS GRAND NOMBRE « D'ENTRE EUX SERA RUINÉ PAR LES EXIGENCES DE LA « PRUSSE. *C'est avec un plaisir sans bornes — et « nous le dirons, dût-on nous accuser de cruauté « — que nous refuserons du pain au paysan que « la faim amènera devant notre porte, avec « joie que nous le verrons privé de ses fils.* »

Cette citation n'a pas besoin de commentaires. Le serf attaché à la glèbe, taillable et corvéable à merci, n'a jamais eu à supporter pareilles insultes.

C'est par des outrages semblables que la République affirme l'égalité.

On a vu se former cette étrange austérité républicaine à chacune des commotions qui ont bouleversé le pays. La curée des places en a donné la mesure, et ces abus contre lesquels on protestait avec tant d'ardeur, sous les gouvernements déchus, ne les pratique-t-on pas, avec une désinvolture toute charmante, sous la République si sévère qui les devait abolir à jamais ?

Les plus criants de ces abus, le népotisme et le favoritisme n'ont jamais été plus effrontément mis en œuvre. C'est à qui placera ses frères, ses neveux, ses cousins, ses parents à tous les degrés, à la mode de Bretagne ou de Bourgogne, ses amis et les amis de ses amis. Il fallait un calculateur, ce fut un danseur qui l'obtint, dit Figaro. Les danseurs, on en a mis partout. Si les avocats sont généraux, les cabaretiers deviennent magistrats, et l'on prend les ministres où on les trouve, quelle odeur qu'ils apportent avec eux.

Rien ne s'obtient que par recommandation, crédit, influence. Les droits acquis ne sont pas plus respectés que les règlements ne sont observés. Tel est ambassadeur qui n'aurait eu qu'une férule de pion en temps normal. C'est le désordre le mieux organisé qui soit.

Enfin, et pour clore cette esquisse trop écourtée d'un état social comparable à la décadence bysantine, nous touchons à l'heure dont parle Louis Veuillot...

« Heure néfaste entre toutes, l'heure dernière des patries, où la cause publique n'existe plus, où il n'y a plus à défendre ni lois, ni liberté, ni justice, ni foyers, ni souvenirs, ni avenir. Désormais il ne reste qu'un maître; on ne l'a pas choisi, et l'avenir est son butin. »

VIII

Quelle conclusion donner à ces quelques pages, où il est démontré que la République est la pire ennemie de la liberté ?

Je me rappelle, en considérant cette débâcle où nous périssons, une page effrayante d'Edgard Poë, où ce terrible poète, sous l'inspiration du démon Alcool, décrit la chute d'une barque dans le Maëlstrom. Le frêle canot est aspiré par le gouffre ; il tourne dans un cercle immense, emporté par le tourbillon; le cercle se rétrécit peu à peu; ces quatre planches misérables fendent l'écume, plus vite, toujours plus vite, embarquant la vague, et se penchant sur la coupe sans fond, aux flancs transparents comme le cristal, polis comme le marbre, et qui laisse deviner, à travers l'épaisseur énorme de leurs masses, des myriades de monstres aux proportions gigantesques, tapis sous les eaux sombres, et peuplant l'Océan !

Puis la barque file avec la rapidité d'une flèche ; elle rase la paroi d'azur, en y traçant un léger sillage aussitôt effacé ; la muraille liquide s'en va plus à pic ; l'homme qui est là voit la mort inévitable, hideuse ; il est pris de vertige, il a cette horrible sensation de la chute qui étreint le cœur d'une angoisse poignante, il étouffe... Et, toujours décrivant la spirale bondissante, il est précipité, l'œil fixé au fond de l'entonnoir plein de ténèbres et de bouillonnements, — et même il prend un plaisir forcené, il ressent une joie âpre, à souffrir les épouvantes indicibles de sa lente agonie.

Ce conte mouille d'une sueur froide le front des plus courageux, et bien que l'on sache que le malheureux *doit* être sauvé, puisqu'il fait *lui-même* le récit de son aventure, on est captivé par la sensation à la fois douce et cruelle de l'horreur, en étudiant, pour ainsi dire, chacun des atroces détails de cet infernal cauchemar.

Eh bien ! ce conte est un symbole, et nous tous, tant que nous sommes, nous subissons en ce moment la vertigineuse agonie de celui qui fut, une seconde, la proie du Maëlstrom. La France, — notre barque, — pauvre barque aux planches disjointes, à demi fracassée, sans avirons et sans drapeau, — est emportée dans une course furibonde, sur la lèvre d'un tourbillon plus profond que le Maëlstrom, et qui ne revomit aucune de ses victimes.

Le vent et la tempête nous ont poussés vers l'abîme qui s'ouvre, large, écumeux, mugissant, pour nous engloutir. Nous éprouvons toutes les affres de la terreur. La vague impitoyable nous arrache, lambeau par lambeau, miette par miette, les débris de notre dernier refuge, et nous plongeons dans les profondeurs, éperdus, entraînés par l'irrésistible courant, que baignent des reflets empourprés, aux rouges lueurs desquels nous apercevons les monstres, blottis dans la vase, qui vont nous enlacer de leurs tentacules, et nous dévorer.

Ce gouffre, c'est la Révolution.

Dès lors, à quoi bon dépenser tant d'audace et d'énergie, tant de courage et d'efforts? A quoi bon jeter vers le Ciel un cri suprême, et regarder une fois encore le ciel bleu, illuminé d'une pure lumière, et penser qu'on aurait pu éviter le vent, fuir la tempête, et se reprocher à soi-même d'avoir couru à la mort? Qu'importe, après tout! cette vie est-elle si belle qu'on la doive regretter? Ce monde est-il si parfait, qu'on ait douleur à le quitter pour l'immortelle vie? et les hommes, ces pygmées, grains de poussière sur un peu de terre, méritent-ils vraiment qu'on ait pitié de leur détresse? O folie des choses humaines, si menues, viles et niaises, quand on les voit de près!...

Et cependant les vaillants se débattent, luttent jusqu'au bout, gardent l'espérance contre toute espérance, envoient leur avide regard au firmament, le balbutiement de leurs lèvres vers Dieu, et dans les palpitations brutales d'un cœur oppressé par l'étreinte du mal, puisent encore la force de croire au salut. Ceux-là sont des Forts. Il en reste peu.

Rien ne détruit en eux la robuste illusion; rien ne les effraie, ne les rebute, ne les abat. Tant qu'ils voient briller une étoile, ils ont espoir. Tant qu'il reste de la barque un morceau de bois, ils n'ont pas peur. — C'est trop beau!

Où puisent-ils, ces Forts, l'inaltérable confiance et la vigoureuse fermeté qui leur laissent le calme, au milieu de nos sombres désespérances? pourquoi ne tremblent-ils pas, en voyant se creuser le précipice où bientôt ils iront se briser? Ils n'ont pourtant pas la joyeuse insouciance des incrédules, qui osent penser que le néant succède à la vie, et qui veulent alors prendre de la vie toutes les misérables jouissances qu'elle peut donner.

Il faut le révéler ce secret des Forts. En ce temps de honteuse démoralisation, de lâches compromis, de capitulations de conscience, de scepticisme vain et affecté!... en ce temps où l'on prétend sauver l'homme de lui-même, et remplacer Dieu — cette hypothèse! — par la Raison, — cette Folie orgueilleuse! — ils sont assez hardis pour avouer qu'ils ont la

Foi, assez naïfs pour croire au salut par la Foi, assez braves pour soulever l'étendard et pousser le cri de ralliement de l'Islamisme : *la Foi! la Foi!* — dont les chrétiens ne veulent plus.

C'est donc la foi qui nous sauvera.

Mais quand?

*
* *

Il y a de terribles fatalités pour les nations qui tombent. La décadence commence à peine que déjà son œuvre est achevée, et de ce peuple, grand, puissant entre tous, dominateur, envié, jalousé de ses voisins, il ne reste que des ruines. Cherchez la cause. Il semble que c'est quelque événement prodigieux au-dessus de notre humaine compréhension... Quelquefois un fleuve déborde, inondant les campagnes, arrachant des forêts entières, entraînant avec lui dans sa course furieuse des pans de terrain, des cabanes.... Quel énorme rocher obstrue donc sa source? Un rocher, une pierre? Non, c'est un simple caillou.

Ainsi la France a vécu une vie de quatorze siècles, parfois abattue, jamais écrasée, se relevant plus glorieuse le lendemain de la défaite.

Elle eut des guerres civiles, des révolutions sous chaque règne de la monarchie; les rois ont arrêté la tempête, comme la digue arrête les flots. Après la Jacquerie, les Maillotins, les luttes des Armagnacs et des Bourguignons, la Ligue, la Fronde, et les révoltes dans les provinces, et les conspirations de palais, et les régicides.

Les rois poursuivaient cette grande unité française, but de toutes leurs ambitions, à travers tous ces orages, aussi épouvantables que les révolutions contemporaines. Chaque règne ajoutait une province au royaume.

C'est ainsi que le petit royaume des Francs devint, par un travail incessant, le magnifique Etat que la Révolution a morcelé.

Louis XIV serait mort sous la tente, mais il n'eut pas signé le traité de Francfort!

Jean-le-Bon, fait prisonnier par l'Anglais, refusa que ses sujets payassent une rançon et préféra mourir captif plutôt que d'appauvrir son royaume.

L'heure est à Dieu!

Il y eut une crise inouïe dans l'histoire et qui devait être dépassée en horreur sous nos yeux : l'invasion du pays par l'Anglais. Certes, la France alors semblait bien perdue. L'ennemi avait envahi pouce par pouce notre territoire, dévastant et ravageant sans pitié les campagnes, incendiant les villages, mettant les villes à sac ; Paris était en son pouvoir, on y avait couronné roi de France un vassal du roi Français, en lui donnant un soudard pour tuteur. Charles VII, *le roi de Bourges*, n'avait pas d'armée, pas d'argent, pas de général. Du Guesclin était mort, Bayard n'était pas encore né. Alors parut une petite bergère de dix-sept ans qui ne savait ni lire ni écrire. Elle vint de Lorraine à Chinon, en partit avec quelques gens d'armes, portant son étendard fleurdelysé, prit Patay, Jargeau, dix bastilles, fit lever le siège d'Orléans et conduisit son roi à Reims, où elle voulut assister au sacre, car, « ayant pris part à la bataille, il fallait bien qu'elle eût part à l'honneur. »

C'est que l'heure de Dieu était venue.

Il faudrait écrire l'histoire de la Patrie pour relater les merveilles accomplies en sa faveur, à chaque fois que vient l'heure de Dieu !...

Cette œuvre de quatorze siècles, il a fallu cinquante années pour la détruire. L'unité française accomplie par la monarchie, la république l'a désorganisée.

Nos ancêtres prenaient des provinces, nous savons les donner... quitte plus tard à les reprendre, quand vient l'heure de Dieu.

Les ministres du Roi-Soleil, fils du peuple, comme Colbert, Louvois, Fouquet, ou fils de Noailles, nobles comme Villard, Montmorency, créèrent une administration décentralisatrice, préparant des réformes que le temps devait achever et consolider. La Révolution a tout anéanti.

En somme, pour quiconque sait l'histoire, le fait matériel, le fait brutal, démontre que a France doit aux rois tout ce qu'elle a et qu'elle ne doit rien à la Révolution, pas même les principes de 89 qui sont affirmés dans les cahiers des États-Généraux, lesquels étaient royalistes.

L'Heure est a Dieu !

VINDEX.

EN VENTE

A LA MÊME LIBRAIRIE :

Les Sociétés secrètes et la Société, ou philosophie de l'histoire contemporaine, par le R. P. N. Deschamps, troisième édition, entièrement refondue et continuée jusqu'aux événements actuels, avec une introduction sur l'action des Sociétés secrètes au XIXe siècle, par M. Claudio Jannet. 2 beaux volumes in-8°. 15 fr.

La Révolution et la question sociale, par un clérical. Une brochure in-8°. » 75 c.

L'Association, 5e Congrès de Jurisconsultes catholiques, tenu à Périgueux (octobre 1880). Une brochure in-8°. 1 fr. 50

Les Projets de loi sur l'enseignement primaire, par E. de Fontaine de Resbecq, ancien sous-directeur de l'enseignement primaire. Une brochure in-8°. » 75 c.

La Magistrature et les Décrets du 29 mars, par Gustave Barcilon, ancien magistrat, avocat au barreau d'Avignon. 1 fort volume in-18 jésus de 400, pages, sur beau et fort papier.

Prix : 3 fr. 50 c. franco : 4 fr.

Le Comte de Chambord étudié dans ses voyages et sa correspondance. 1 volume in-18 raisin. 1 fr. 50

Léon XIII, sa Biographie, première année de son pontificat, par M. l'abbé Charles Sylvain, chanoine honoraire; ouvrage approuvé par Son Éminence le cardinal Pie, évêque de Poitiers, et par Sa Grandeur Monseigneur Gay, évêque d'Anthédon. Cet ouvrage contient des Lettres Encycliques de Sa Sainteté le Pape Léon XIII. 1 beau volume in-8°. 4 fr.

Histoire du Concile œcuménique et général du Vatican (1869-1870), suivie du texte des Constitutions *Dei Filius* et *Pastor æternus*, de l'Encyclique *Quanta Cura* et du *Syllabus*, par le R. P. J. Sambin, de la Compagnie de Jésus; deuxième édition. 1 vol. in-8°. 2 fr.

Les Jésuites au Tribunal de la Vérité, par Gabriel Levasnier. 1 joli volume in-18. » 50

Pourquoi l'État paie-t-il les curés, par L. Briand. Une brochure in-18.

Revue Catholique des Institutions et du Droit, huitième année.

Prix de l'abonnement : 12 fr.

Les Droits de Dieu et les Idées modernes, par l'abbé François Chesnel, vicaire-général de Quimper. 2 beaux volumes in-8°. 10 fr.

Œuvres choisies de Son Éminence le Cardinal Pie, Évêque de Poitiers. **Instructions Synodales** sur les principales erreurs du temps présent, suivies de **l'Instruction Synodale** sur la première constitution dogmatique du Vatican. 1 beau volume in-8°. 6 fr.

POITIERS. — IMPRIMERIE OUDIN.

www.ingramcontent.com/pod-product-compliance
Lightning Source LLC
LaVergne TN
LVHW020345230826
846091LV00003B/992

9782011901811